人はいくつになっても、美しい

ダフネ・セルフ

幻冬舎

人はいくつになっても、美しい

www.daphneselfe.com

人はいくつになっても、美しい

目次

はじめに

私は、八十八歳のファッションモデルです。二十代の頃に五年間モデルをしたあと、七十歳になって再発掘されました。

そう書くと、読者のみなさんは、私が何かすごくドラマチックな人生を歩んできたように思われるかもしれません。

でも現実は、ちっともそんなふうではありません。ごくありふれた恋をして、三児の母になり子どもを育て、その傍ら、洋服作りやデパートの店頭モデルなど、家族のために自分ができることをずっと続けてきました。

だから、とてつもない努力をしてファッションの世界に返り咲いたわけでも、ある日突然に運が向いてきたわけでもありません。七十歳で『ヴォーグ』にモデルとして載るなんて、六十九歳の私が聞いたらきっと目を回して驚いたでしょう。

だから、私はこう思うのです。私はただ恵まれていた、と。目の前に差し出されたチャンスや転がってきた幸運に一つずつ感謝して、好奇心いっぱいの目で味わっていくうちに、いつしかこの場所にたどり着いたのです。

いまの私には、シワもあればシミもあります。でも、二十代の頃より楽しく暮らしています。それはきっと、ありのままの自分を愛しているからでしょう。

美しさは心に宿るものです。

だから、いつもわくわくすることを心に思い描いて、きらきらした目で世界を見続けていれば、その心の輝きは顔に表れる。そう、私は思っています。

七十歳で『ヴォーグ』に載ってから、十八年が経ちました。私は今日も、カメラの前に立っています。
私の目に映る世界は、今日も喜びと驚きに溢れています。

年齢にとらわれない

私がダンスを本格的にはじめたのは、二十歳を過ぎてからです。正確に言うと、二十三歳のことでした。

そもそものはじまりは、バレエでした。モデルの仕事をはじめて、週末にしか乗馬をしなくなった私は、もっと体を動かしたいと思い、

当時ノッティングヒルにあったマリー・ランベールのバレエスクール
に通いはじめました。

レッスンは仕事の終わった夜で、ステップや動きを間違えると、ランベールに容赦なく足を叩《たた》かれました。ダンス経験のなかった私は、いつも隅のほうでレッスンを受けていましたが、それでも、はじめて体験するバレエの世界にどんどん引き込まれていきました。

もっとうまくなりたいと思い、スクール主催のバレエ公演を片っ端から観に行くなど、自分なりにも勉強を重ねました。

そんなある日、当時お世話になっていたカメラマンのアシスタントとして、ロンドン・フェスティバル・バレエ団（現イングリッシュ・

ナショナル・バレエ）のツアー公演を観に行く機会がありました。

それだけでもうれしいのに、いったいどういう成り行きだったかは忘れましたが、なんと私は、ある夜の公演の一幕で、プロのバレリーナたちに交じって踊るチャンスを得たのです！

自分よりずっと華奢《きゃしゃ》な彼女たちの衣装に無理やり体を押し込めて、それでもなんとか、私は無事踊りきりました。

この経験が大きな刺激となり、私はモデルとしても、専属モデルを辞めてフリーランスになる決心をしました。

最大の転機が訪れたのは、モデルとして参加した、あるホテルでの大晦日《おおみそか》のショーでした。それはダンスショーで、私たちモデルは花を添えるだけの存在でしたが、ショーが終わったあと、一人の男性が私にこう声をかけてきました。「ぼくのスクールで、ダンスを勉強してみないかい？　君にはダンサーの素質があると思うんだ」。

こうして私は、有名振付師のバディ・ブラッドリーに発掘されたのです。

当時、二十三歳。ダンスの世界ではちょっと異例の、大きなひよっこダンサーの誕生でした。

何かをはじめるのに、
遅すぎるなんてことはない

無駄なことなど何ひとつない

モデルになる前、私の夢は乗馬を生かせる仕事に就くことでした。

でも、その夢が叶わないとわかってからも、乗馬はずっと趣味で続けていました。

子どもを産んでモデルに復帰してから、食品メーカーのケロッグの広告モデルに起用されたことがありました。

理由は単純で、私が馬に乗れたから。しっかり運動をしたあとの朝食はケロッグで、というコンセプトで、若いモデルと二人、馬で駆けているところと、おいしそうにコーンフレークを食べているところを撮影するというものでした。

撮影当日、行ってみると、若いモデルが実は馬に乗れないことが判明し、急遽《きゅうきょ》、彼女に乗馬の手ほどきをすることになりました。「あなたは馬に跨《また》がってるだけでいいから」と言って、最終的には、私の馬のあとをついて来させました。

撮影はなんとか無事に終了しましたが、乗馬が思わぬところで役に立った経験として、この仕事のことはいまでもよく覚えています。

おなじようなことが、ダンスでもありました。これはつい最近の話ですが、あるコマーシャルのオーディションで、いきなり「少し踊ってみて」との指示が出ました。

もちろん、私は喜んで踊りました。フランク・シナトラの曲に合わせて、ステップを踏んだり、くるくる回ったり、跳ねてみたり……。なかなかストップがかからないので、いつまでも踊っていましたが、あとで聞くと「あなたのダンスに見惚《みほ》れてたのよ！」と返されました。

そのオーディションには無事合格し、なんと憧れだったプラハで、若いハンサムな男性モデルとダンスをする仕事にありつけました。

別のときには、こんなこともありました。子どもの学校の送り迎えをしていたときのことです。母親の一人に、「その服、あそこのブランド?」と、当時流行っていたブランドの名前を挙げられました。「ううん、自分で作ったの」とうれしくなりながら答えると、こう言われました。「だったらぜひ、私にも一着作ってちょうだい!」。

こうして、仕事をしていなかった子育て中にも、私は趣味の洋服作りで少しばかりのお金を得ていました。

どれも、好きだったことが思わぬところで役に立った思い出です。

好きで続けていたことが、思わぬところで役に立つ

とらえ方ひとつで

私は、明るい色が大好きです。

とくに好きなのは、ピンクと紫。紫は、私の青い瞳を引き立ててくれるので、洋服でもよく着ます。

黒い服を好む女性も多いけれど、黒ばかり身に付けるのはなんだかもったいないように私は思います。

だって、世の中にはすてきな色がほかにもたくさんあるんだもの。

それに、明るい色を纏《まと》えば、気分まで明るくなります。

人や物についてもおなじです。私は鮮やかなものが好きだし、明るい人が好き。友人に一人、何でも悪いほうにばかり考える人がいるのですが、正直、一緒にいると疲れます。とてもきれいな人で、彼女のことは大好きだけれど、もう少し、物事の明るい面にも目を向ければいいのにと思います。

たとえば、鏡を見るときもそうです。

歳を取ると、シワもシミも目立ってくる。歳を取らなくても、誰にでも自分の顔の好きになれないところが、一つか二つはあります。

でも問題なのは、それを自分がどう見るか。こんなにシワが増えた、こんなところにもシミがある、と好きになれない点ばかりに目を向けることもできますが、逆に、まあシワは増えたけど、ほかにもいいところはいっぱいあるわ、と考えることもできます。

好きになれないところは、ちらっと見る程度でいいのです。そればかりに気を取られて、せっかくのあなたの魅力が失われてしまっては、何にもなりません。

私はいつもそんなふうに考えているので、つい最近まで、鏡を見ても落ち込むどころか、シワを気に留めたことすらありませんでした。

グラスに水があと半分しかない、ではなく、まだ半分もある。そんなふうに、いつも物事をプラスにとらえられれば、自然と心まで輝き出します。

そしてそれが、いつまでも若々しい心を保つ秘訣《ひけつ》の一つだと思うのです。

好きになれないところは、
ちらっと見る程度でいい

楽しいから続けているだけ

世間では、私が八十八歳になってもモデルを続けているのが心底不思議で、信じられないようです。

こんなに楽しいのに、歳を取ったからといって、どうして辞めなければならないの？　私はそう思っています。

この歳になっても仕事があるというのは、本当にありがたいことです。もちろん、以前のようにバリバリこなすのは難しくなりましたが、やればやるほど楽しいし、報酬という形でも結果がついてくるので、充実感があってとても辞められません。

多分、私の中には、まだ小さな女の子が住んでいるのでしょう。衣装をとっ替えひっ替えして、カメラの前に立つときの私は、昔、庭で着せ替えごっこをして遊んでいた子どもの頃の自分そのものです。

もちろん、歳を実感することはあります。

たとえば八十三歳のとき、発展途上国の女性にブラジャーを寄付しようというチャリティーに参加した際には、「いい加減歳を考えなさい！」と自分でも思いました。

だって、その撮影で身に付けたのは、あのマドンナの円錐《えんすい》ブラのレプリカに、コルセットだったのですから！

参加するに値するすばらしい企画でしたし、ありがたいことにその写真は世界中で多くの称賛をいただきましたが、八十三歳の体にコルセットは、やはりかなりきつかったです。

好きなものを前にしたら、
年齢なんて関係ない

美しさより大切なもの

私は、これまで一度も整形手術を受けたことがありません。受けようと、考えたこともありません。

いくら拒んでも歳は取るし、そしてそれは生きていれば自然なことなのだから、いっそ張り合わずに受け入れよう。そう考えているからです。

もちろん、整形によって人生が変わる人もいます。私は、そういう人たちを悪く言うつもりはまったくありません。整形することで自信が持て、楽しい人生を送れるなら、それもまた一つの生き方でしょう。でも、私にとっては、美しさより健康でいることのほうがずっと大切です。

痩せすぎのモデルがよく話題になりますが、私自身、五号の洋服なんて着られたためしがありません。ブランドによりますが、たいてい九号か、よくて七号です。

もともと痩せている人たちにスポットライトをあて、あたかもそれがあたり前のように思わせるのが、ファッションの世界なのです。

自分に似合っていて、自分が心地いいと感じられるなら、洋服のサイズにとらわれる必要など、まったくないのではないでしょうか。

それに、私はこうも思うのです。いつもわくわくすることを心に思い描いて、きらきらした目で世界を見続けていれば、その心の輝きは顔に表れる、と。

健康な心こそ、美しさへの一番の近道

特別なことはしない

美しさの秘訣は何ですか、とよく尋ねられます。活動的なのと、スリムなのは、生まれつきなのでただただ感謝。この歳まで元気でいられるのも、きっと我が家が長生きの家系だからなのでしょう。

食事も、自分の好きなものを食べているだけ。ただ、食べすぎないよう量には気を配っています。出来合いのものは、滅多に食べません。自分で作るほうが好きです。

モデルの仕事の合間を縫って、地元の大学のクッキング講座に通ったこともありました。結婚前に、母から料理の手ほどきは受けていましたが、もっと腕を磨きたかったのです。

かなり本格的な講座で、決められた時間内に手早く調理するのに苦労しましたが、持って帰って家族に食べさせるのが、私の大きな楽しみでもありました。ちゃんと試験もあって、無事パスすることもできました。講座のために、自分と友だち用にエプロンを手作りしたのも、いまではいい思い出です。

野菜は、いまでこそ量は減りましたが、ずっと家庭菜園で育てていました。昔は、２４００坪の畑を持っていました。

運動が大好きなのも、私の元気の秘訣かもしれません。

乗馬、ダンス、サイクリング、ウォーキング、何でもしますし（もちろんいまでもです）、それに庭いじりや家事も、立派な運動ですもの！

美容について言えば、プライベートでも仕事でも、お化粧をしたときはちゃんと落としてから寝ています。真《ま》っ新《さら》な状態にしてゆっくり休ませるのが、お肌には一番の栄養です！

新しいメイクやスキンケアを試すのも好きですが、あまりお金はかけません。だから、ちょっと贅沢《ぜいたく》なものをプレゼントされるとわくわくします。

それと緑茶が好きで、毎朝必ず飲んでいます。あとは、しっかり水を飲んで、よく寝ることくらいでしょうか。

特別なことはせず、すべてやりすぎないことが大切なのです。

好きなものを食べるけれど、
食べすぎない

いま、この瞬間を味わう

私はいま、ガーデニングにはまっています。二十年前からはじめて、楽しくてずっと続けています。

庭自体はそんなに広くありませんが、緑あふれる気持ちのいい空間で、花や木々がのびのびと育っています。サンルームからその様子を眺めるのが、私はとくに好きです。

あとは、絵を描くのも好きです。アクリル絵の具で、ネコの絵を描いたりします。アクリルの良いところは、すぐに乾くこと。じっと待つことができない性質《たち》なので、油絵なんかより私には向いています。

そんなふうに、私はいつも忙しく動き回っています。

思い返せば、昔からそうでした。

「こらダフネ、頼むからおとなしくしなさい！」。幼い頃、母によくそう言ってたしなめられました。

結婚式の直前まで、ダンスの仕事でヨーロッパ中を飛び回っていましたし（帰って来たのは、式の四日前でした）、妊娠してからも至って元気だったので、ダンスのレッスンにも七カ月まで通っていました。幸い、お腹《なか》が大きくなってもそれほど目立たなかったので、モデルの仕事にかんしては出産の直前まで続けていました。

つい先日、仕事でオーストラリアに行ったときには、空港に着いてすぐ「さあ、オペラハウスを観に行きましょう！」と言って、スタッフたちにびっくりされました。長旅でみんな疲れていたんですね。まずはホテルで休みませんか、と返されました。

この世は知らないことに溢れていて、でも人生には限りがある。だったら、今日という日を、いまという この瞬間を、存分に味わわなくてはもったいない。

いまだ、というときに行動しないと、チャンスはもう一生めぐって来ないかもしれない。そうでしょう?

だから、私は今日も忙しく動き回っています。

ゆっくりするのは、お墓に入ってからでいいと思っています。

この世は知らないことに
溢れている

悲しみに寄り添う

悲しいことに、この歳になると、愛する人たちをたくさん見送らなければならなくなります。

一九九七年四月に、夫のジムが心臓発作で亡くなりました。七十三歳でした。

出会った当時、劇場で照明の仕事をしていた彼は、ほかの男性たちと違って強引なところがなく、優しく私に接してくれました。そんな優しくてハンサムなジムに恋した日のことを、私はいまでもよく覚えています。彼は私を、たちまち心の底から安心させてしまえる人でした。

二度の心臓発作を起こしてから、一時期、人が変わったように暗く、怒りっぽくなったこともありましたが、そんな時期も二人でなんとか乗り越えてきました。ジムとは、夫婦であるとともに、苦楽をともにした同志でもありました。

誰かと四十年以上も人生を分かち合ってしまったら、その人なしの人生など、到底考えられるものではありません。愛する夫を失い、私は目の前が真っ暗になりました。

来る日も来る日も、私はひたすら泣きました。昼間は、仕事でなんとか気が紛れましたが、夜になるとどうがんばってもだめでした。

愛する人を失ったとき、私たちにできることは一つだけです。ただ、その痛みとともに、今日という日を生きていくしかありません。夫の死をとおして、私はそれを思い知らされました。

ありがたいことに、仕事は山ほどありました。テレビや映画のエキストラをはじめ、私は声がかかればどんな現場へも駆けつけましたし、どんな仕事でもこなしました。

そんなふうに、とにかく忙しく動き回って日々をやり過ごすことが、私にとっては唯一の精神を保つ方法で、何よりの薬だったのです。

大切な人を失った悲しみや心の傷は、どれだけ時間が経とうが消えません。

でも、その悲しみに寄り添って生きる術《すべ》なら、見つけられます。

苦しみながらでも、そんなふうに生きていければ、いつしか痛みも自分の一部として、付き合っていけるようになるのです。

悲しみは乗り越えるのではなく、
寄り添い付き合っていくもの

両親が与えてくれたもの

一九五四年七月六日、晴れ渡る空の下で、私たちは結婚式を挙げました。

式は、ごくささやかなものでした。

当時、すでに私はモデルやダンサーとして活動の幅を広げていましたが、招待したのは六十人ほどで、古くから付き合いのある人だけにとどめました。

ドレスも、当時流行していたシフォンやレースのあしらわれた丈の短いものではなく、サテン生地の、昔ながらの丈の長い控えめなものでした。身に付けたジュエリーも、伯母からもらったディオールのイヤリングだけでした。

それでも、愛する人たちに囲まれて、私は幸せな時間を過ごしました。

教会での挙式を終え、実家でのお披露目パーティーに向かう途中のことです。父は私の手をそっと握ると、こう言いました。

「ダフネ、幸せになるんだよ。父さんと母さんみたいな幸せを、ジムと一緒に築いておいき。父さんは、それだけを願っているよ」

私こそ、いままでありがとう。父さんと母さんの子で本当に幸せだったわ。そう言いたかったけれど、私は胸が詰まって、何も言えませんでした。

思い返してみると、私が育った家は、いつも笑顔に包まれていました。

ビクビクすることも、怒鳴り合うこともなく、本当に仲の良い家族でした。みながみな、そんな環境で大きくなれるわけではありません。私はその点においても、自分は本当に恵まれていたと思っています。

いまになって思うのですが、楽観的で、物怖じせずに何にでもチャレンジする私の性格は、きっとそんな子ども時代が深くかかわっているのでしょう。

幸せな子ども時代を与えてくれた両親への感謝の気持ちは、とても言葉では言い表せません。

笑顔の絶えない家庭で育ったから、私はいまも笑顔でいられる

いいことをたくさん考える

私が好きな言葉の一つに、「Keep Smiling（いつも笑顔で）」があります。

ともすれば、私たちは笑顔を忘れがちですが、誰かににっこりほほ笑みかけるのは、やっぱりとてもいいものです。

いつも笑顔でいるには、いいことをたくさん考えることです。いいことというのはつまり、明るくポジティブなこと。どんな状況に置かれても、悪い面ではなく良い面を探し出そうとできれば、自然と気持ちまで明るくなります。

たとえ病に臥《ふ》していて、そんなふうに考えるのが難しくても、そう考える権利だけは、自分が諦めない限り誰にも奪うことはできません。

その点にかんして、私は昔から恵まれていました。恐らく、母ゆずりのものでしょう。

いつも前向きで何度転んでも起き上がる、そんな母に育てられたので、私もそういうふうに育ちました。自分が育った環境、触れ合った人、そのすべてがいまの自分を創り上げているのだと思います。

いつも楽しそうに笑っている人が一番美しいと、私は心から思います。どんなにきれいでも、ぶすっとしていたらちっとも美しく見えません。

どんな人でも、にっこり笑えばたちまち輝いて見えます。笑顔は、私たちの魅力を最大限に引き出してくれる魔法なのです。

だから、ほらあなたも笑ってみて。

高いお金を払って顔のリフトアップをするより、よっぽど効果的ですよ。

笑顔はあなたの魅力を引き出してくれる魔法

年齢はただの数字

歳を取ると、あたり前ですがシワもシミも増えます。体もどんどん弱ってきます。

それでも、年齢を重ねれば重ねるほど、美しく輝いて見える人がいます。私は、そんな人たちの持つ「美」とは、これまで歩んできた人生の経験と、経験によって授かった知恵が、その人のオーラになったものだと思います。

そういう人たちは、目の奥の輝きが違います。それに、表情も生き生きしています。さまざまな経験を積んだ人の顔というのは、それだけで魅力的です。

先日思い立って、beautyという単語を辞書で調べてみました。そこには、「美しさとはさまざまな資質の組み合わせで、見た目にも、心にも、五感にも喜びをもたらす」とありました。おもしろいですよね。

辞書の言うとおり、ビューティーとは表面上の美しさだけを指すのではないと、私は思います。心と外見は常にリンクしていて、それはつまり、自分がこれまで歩んできた人生が、はっきりと顔に映し出されるということです。

歳を取りたくない、と言う人がいますが、私にはどうもわかりません。ちっとも怖がることじゃないのに、と思います。それはいま言ったような理由からで、つまり年齢は私にとって、ただの数字でしかないから。

英語にはこんなことわざがあります。

「老いは誰もが通る道、成長は選んだ人が通る道」

老いはみんなに訪れるけれど、成長は望む人にしか訪れない。つまり、どう成長していくかはその人次第、ということ。
私の大好きな言葉です。

老いはみんなに訪れるけれど、
成長は望む人にしか訪れない

人生はいつも自分の思い通りにいくとは限らない

私は、モデルの仕事で大切なのは、楽観的でいることだと思っています。カメラの前に立つまで何が起こるかわからない、それがモデルの世界です。

ひょっとすると、明日には地球の裏側でロケをしているかもしれないし、何事もなかったように家で暇を持て余しているかもしれない。

土壇場で仕事がキャンセルになることも、予算の関係でまったく違う段取りになることも、そんなの日常茶飯事です。

ちょっとくらい面《つら》の皮が厚いほうが、この世界ではいい。私はそう思って、ここまでやってきました。

オーディションに落ち続けることもあるし、やっとの思いでつかんだ仕事が、一瞬にしてなくなることもある。いちいち落ち込んでいたら、とても務まりません。

実際私も、「顔が気に入らない」の一言で、いくらがんばっても仕事を断り続けられた時期がありました。子どもを産んだあと、モデルに復帰しようとしたときの話です。

当時脚光を浴びていたのは、ミニスカートブームの火付け役であるツイッギーやジーン・シュリンプトンで、私は彼女たちのように、中性的な魅力は持ち合わせていなかったからです。

でも、それは別に私が悪いわけじゃない。

歳を取りすぎていると言われても、顔が時代遅れだと言われても、私はめげませんでした。

だって、別に私という人間を否定されたわけじゃありませんから。

要は、相手のニーズに自分がマッチしなかっただけ。さっさと忘れて次へ進もう！　そう思っていました。

人生は決して自分の思い通りにいくものではないと、私はこの仕事から学びました。でもだからといって、落ち込むことはないのです。だからこそ、私たちは強くなれるんですもの。

それに、自分の力が及ばないことをくよくよ悩んでも、いいことは一つもありません。

物事を真剣に受け止めすぎない鈍感さ。そんないい意味での楽観主義は、きっとモデルの仕事だけでなく、いろんな場面で自分を救ってくれると思うのです。

物事を真剣に受け止めすぎない
鈍感さも、ときには必要

かけがえのないもの

子どもを授かったとわかったとき、私は「子どもが生まれたら、モデルの仕事をすることもないだろうな」と思っていました。

婚約してすぐに妊娠がわかったので、結婚式すらまだ挙げていませんでしたが、そのとき私の頭にあったのは、とにかく妻として夫を支えなければ、生まれてくる赤ちゃんのためにいいお母さんにならなければ、ということだけでした。

だから、まさか自分がモデルの世界に返り咲くなんて思ってもいませんでした。

無事、元気な男の子を出産したあと、二人の女の子にも恵まれ、私は三人の子どもたちの母親になりました。

育児中も、洋服は大好きでいつも流行はチェックしていましたが、ブランドとは無縁でした。そんなものにお金を使う余裕はとてもありませんでしたし、それなら少しでも子どもたちに贅沢をさせてあげたかったからです。

その頃、私はほぼ仕事はせず、ずっと家にいました。その理由は単純で、子どもたちのそばにいたかったから。とくに、クレアとローズの娘二人は、幼い頃の私に輪をかけたようなお転婆ぶりでした。

当時住んでいた田舎の家で、子ギツネを飼ったこともあります。母親を亡くし我が家にやって来たその子ギツネを、私たちはビッキーと名付けて可愛がりました。娘のために作ったドレスを噛《か》むなど、とにかくいたずら好きでしたが、本当に可愛く、半年後、私たちはほとんど泣きそうになりながら彼女を森へ返しました。

その後何度か、家のまわりでちょこちょこ姿を見かけましたが、しばらくするとそれもなくなりました。

それから一年ほど経った頃でしょうか。犬を散歩させていると、一匹のキツネに出くわしました。そのキツネは逃げるどころか、犬が近づいてもびくともせず、匂いを嗅いでいました。ひょっとすると、あれはビッキーだったのかな？　私たちはうれしくなって、何度もそんな話をしました。

夫のジムがジンジャービール作りにはまっていたときには、発酵させすぎたせいでボトルが爆発して、部屋中ビールまみれになったこともありました。掃除するのにおそろしく時間がかかりましたが、片付けながらみんなで大笑いしました。

私がドレス作りをはじめたのも、デパートの店頭モデルやエキストラの仕事に復帰したのも、そもそもは、家計を支えるためでした。夫が勤めていたテレビ局が事業縮小に乗り出し、ディレクターを務めていた番組が打ち切られて、我が家にとって非常に厳しい時期があったのです。自分が働いて得たお金が家族の役に立つことが、私の喜びでした。

家族との生活。私にとってはそれこそが、どんなドレスやブランドより価値のある、かけがえのない宝物だったのです。

本当に価値のあるものは、
お金では買えない

不安のその先にあるもの

私がモデルの世界に飛び込んだのは、本当にひょんなことからでした。

デパートのコートと靴売り場で、売り子をしていたときのことです。

二十歳を迎えた私は、それまで夢見ていた大好きな馬にかかわる仕事を諦め、地元のデパートで働いていました。

ちなみにそのデパートは、いまはイギリスの大手百貨店チェーン「ジョン・ルイス」に吸収されてしまってありません。

ショーウィンドーに並ぶ最新のファッションに刺激を受け、忙しくも楽しく働いていたある日のことでした。

デパートでファッションショーが開催されることになり、モデルたちが遥々《はるばる》ロンドンからやって来ました。

ところが直前になって、モデルが一人足りないことがわかったのです。そして、どういうわけか、声がかかったのが私でした。

急遽ピンチヒッターとして、私はランウェイを歩かなければならなくなりました。

そんなこと、もちろんやったことがありません。絶対無理。不安に駆られてそう思う反面、私はどこかでこうも思ったのです——どうして無理なの？　やってみなきゃわからないじゃない。

それで、私の気持ちは固まりました。勇気を振り絞り、私は舞台に上がりました。

舞台を下りたとき、私の口からこぼれた言葉は、「ああ、楽しかった」でした。

あなた、本当に楽しそうだったわよ、とまわりにいたモデルの一人に言われ、さらに彼女はこう言いました。

「ねえ、モデルになる気はないの？　私たちの事務所でレッスンを受けてみたら？」。

モデルの道などそれまで一度も考えたことがありませんでしたが、言われてみると、なんだかとてもいいアイデアに思えてきました。

母にすれば、また馬にかかわる仕事がしたいなどと言われたら困る、と思っていたのでしょう。命の危険の伴わないモデルの仕事に、賛成してくれました。

その数カ月後には、私の姿はデパートにありませんでした。そして、辞めた翌日には、さっそくモデルのレッスンを受けていました。見たこともない扉が、私の前に突然現れたのです。

あのとき、不安を振り払って舞台に上がらなければ、いまの私はなかったかもしれません。

とにかく一度やってみよう。そう考えるのが、私は好きです。

見たことのない扉は、突然現れる

流行は追うのではなく、取り入れるもの

仕事柄、流行には敏感ですが、流行を追うことはしません。トレンドの中から、自分に似合うものを見極めて取り入れる、それが若い頃からの私のやり方で、おしゃれの秘訣だと思っています。

三十代にモデルをしていた頃、マリークワントの洋服が流行りまし

た。

一度、なかでも人気だったオレンジと黒のフリルのドレスをプレゼントしてもらいましたが、どうも私には似合わず、好きになれませんでした。

ショッピングに行っても、流行っているからというだけの理由で、手当たり次第に買ったりはしませんでした。ブランド店でも、大きな買い物をした記憶があまりありません。

本当に気に入ったものがなければ、リップを一、二本買って、そそくさと帰っていました。

ミニスカートが流行ったときには、もちろん私も買いました。

ただ、もてはやされていた「超」ミニ丈には手を出しませんでした。当時女性の年齢は、本人が明らかにしない限りまわりにはわかりませんでしたが（だから、私は長い間、母の歳を知りませんでした）、三十歳を過ぎていた私は、少し慎《つつし》み深くあるべきだと思ったのです。

おなじく六十年代、ホットパンツが流行ったときも、私は丈の長いカーディガンやコートと合わせて楽しんでいました。

流行に振り回されることなく、自分に似合うスタイルを知っている人が、本当におしゃれな人と言えるのではないでしょうか。

自分に似合うスタイルを
知っている人こそ、真におしゃれな人

ありのままが一番

私は、滅多に美容院に行きません。髪も、一概には言えませんが、だいたい週に一度しか洗いません。

ただ、どんどん細く、量も少なくなってきたので、自分でできるケアは怠りません。

美容院に行かないと言いましたが、その理由は単純で、短く切られてしまうから！　伸びてきたな、と思ったら、自分で切るか、娘に切ってもらいます。

髪を下ろすのは仕事のときだけで、普段は束ねています。そのほうが邪魔にならないし、私くらいの年齢には似合うように思っています。伸ばしっぱなしのほうが、切るよりずっと楽です。

だって、「ああ、また伸びてきた！」と思って、しょっちゅう美容院にかけ込まなくてすむもの！　必要なときには、束ねればいいのです。

髪についてもう一つ言えば、私は染めてもいません。

六十歳までは、白髪が目立つたびに染めていましたが、三週間に一度そんなことをするのがだんだん馬鹿らしくなって、やめました。歳を取れば髪が白くなるのはあたり前なのだから、ありのままでいいじゃない。そう思ったのです。

その結果、何が起きたかというと……なんと、それまで以上に仕事が舞い込むようになりました！

お金のことを考えても、ありのままでいるほうがずっと楽です。

自然に抗うことなく、
すべてをゆだねる

毛皮は着ない

私は、本物の毛皮のコートをこれまで一度も買ったことがありません。持っているのは、全部フェイクファーです。

母の若い頃の写真を見ると、とてもシックですてきな毛皮のコートを着て写っています。祖母も、襟元と袖口に、ビーバーだかキツネだかのファーがあしらわれたコートをよく着ていました。

一九五〇年代、ミンクのコートを着ていれば、それはその人がリッチだという証拠でした。いまのように暖房設備の整っていなかった時代、ファーは唯一の防寒具だったのも事実ですが、同時に、自分の豊かさや地位をまわりに見せつけるものでもありました。

当時二十代だった私は、仕事で喜んでファーを着ていました。有名な毛皮メーカーの専属モデルになり、高級なファーを身に付けて撮影に臨んだこともあります。

でも、一度も自分で買ったことはありません。とても手が出せる値段ではなかったからです。

当時は着たくても着られなかったファーですが、いまは、これっぽっちも欲しいと思いません。

美しい動物が、人間の欲望を満たすためだけに殺されなくてはならないなんて、そんなの可哀そうすぎるもの。考えただけで、いたたまれなくなります。偽物で十分。それにいまのフェイクファーは、本物と見紛《みまが》うほどよくできています。

時代の変化とはいえ、そんな理由から、私が毛皮を着ることはありません。

人間の欲望のために、
命あるものを傷つけてはいけない

自分を年寄りだと思わない

私がモデルの仕事で好きなのは、すてきな出会いがたくさんあることです。

人はもちろん、土地も、経験も、この仕事をしていると本当にたくさんの出会いがあります。

新しい出会いのほかにも、昔の知り合いにばったり会うことも、知り合いの知り合いと友だちになることもあります。

つい最近、ストックホルムで開催されたH＆Mのイベントでは、一緒に出席したモデルの家族が、私のご近所さんだとわかり盛り上がりました。思ってもいなかった出会いに溢れているのが、この仕事のおもしろさです。

はじめての場所も、私は大好きです。

とくに、海外に行くのが好き。ついこの間はオーストラリアに行きましたし、過去にはアフリカにも、中国にも行ったことがあります。

遠くに行くのは、すごく刺激的でわくわくします。それに、どういうわけかどこへ行っても、新しく行った場所が一番好きになります。あれも、不思議なものですね。

人との出会いにかんして言えば、悲しいことに、同年代の友人はずいぶん減りました。古くからの付き合いも大切にしていますが、最近は自分よりかなり年下の友人も増えました。

若い人と友だちになる際のコツを一つ。自分を、おばあさんだと思わないことです。おなじくらい若々しい「目」を持っていると思えば、不思議と打ち解けられます。

私はいつも、恥ずかしながらもそんな心持ちで、若いお友だちと話しています。

人、土地、経験、すべての出会いが刺激となる

手作りを楽しむ

最初に作ったイブニングドレスのことは、いまでもよく覚えています。

肩ひものない黒のサテンドレスで、胸の部分には、小さな金のスパンコールが鏤《ちりば》められていました。もちろん、自分で一つひとつ縫い付けたものです。

肩ひもがないというと、少しセクシーな感じに聞こえるかもしれませんが、しっかりとコルセットを付けていたので慎みがありました。コルセットも何もない最近のストラップレスドレスは、なんだか心許《こころもと》なくて私はどうも苦手です。

レッドカーペットで女優やモデルが着ているのをよく見かけますが、あまりスタイルもよく見えないし、若い頃に流行っていたとしても、私は着なかったでしょう。

私がドレス作りに目覚めたのは、母の雑誌がきっかけでした。いまのような豪華なカラー版ではなく、白黒の粗末なものでしたが、手持ちの服を今風にアレンジする方法をはじめ、さまざまなアドバイスが書かれていました。それを参考に、友人からゆずってもらったお古のドレスを仕立て直したこともあります。

母は一度も『ヴォーグ』などの高級雑誌は買いませんでしたが、ご近所仲間からコピーが回ってきて（おすすめのページには、ちゃんとしおりが挟んでありました）、私はよくうっとりしながらページを眺め、きらびやかなドレスに思いを馳せていました。ビクター・スティーベルやハーディ・エイミスのイブニングドレスは、いまもまぶたに焼き付いています。

ダンスの仕事をするようになってからは、衣装を手作りすることもありました。

洋服だけでなく、結婚当初、二人ともまだあまりお金がなかったときには、少しでもお金を浮かせるために新居のカーテンも自分で縫いましたし、高価な家具には手が出なかったので、市場から果物の入っていた段ボールをもらってきて、きれいな紙や布で覆ってベッドサイドテーブルを作ったりもしました。

子どもたちの服は、買った記憶がほとんどありません。ニットなど、自分で作れるものは作りましたし、当時はそんな手作りの品を、ご近所同士で贈り合うのが一般的だったからです。

いまのように、お腹にいるときから性別の判断がつくものではなかったので、とりあえず、妊娠中には白い洋服をたくさん編んだり縫ったりしました。

「男の子は青で、女の子はピンク」という考えは、だから実は比較的最近のものです。

その証拠に、第一次世界大戦後には、ピンクや赤などのぱっと目を引く明るい色は男の子向けで、控え目で上品な青は女の子向けとされた時代もありました。

いずれにせよ、いまの時代、色で性別を判断するというのは流行りませんね。

ドレス作りの腕が上達してからは、友人のウェディングドレスを縫ったこともあります。ポートレート写真の中には、自分で作った洋服を着て写っているものがいくつもあります。

ミシンなども昔よりずっと賢くなっているようで、ここ最近はハンドメイドにまた注目が集まっているように思います。パソコンを開けば作り方がわかるんですもの、いい時代になりましたね！

工夫次第で、おしゃれも
暮らしももっと楽しめる

転んだときには

私の頭には、小さな傷があります。

いまではよく見ないとわからないくらい目立たなくなりましたが、昔、馬に蹴られたときにできたものです。

乗馬をはじめて間もない、十七歳くらいの頃だったでしょうか。いつものようにポニーに乗ろうとしたとき、急にポニーが暴れて、私の頭を蹴り飛ばしました。私はそのままブラックベリーの茂みに投げ飛ばされ、気づいたときにはあちこち血まみれ。

これはあとからわかったのですが、鎖骨《さこつ》が折れていました。でも、そのときはそんな大ごとだと思わなかったので、馬を小屋に連れて戻ってから、病院へ行きました。実は、ポニーは馬より扱いが難しいのです。

そこまでのケガはともかく、乗馬をしていれば、馬に振り落とされるなどめずらしいことではありません。

とくにはじめの頃は、毎日のように落ちていました。馬に腹を立ててもどうにもなりませんし、乗馬とはそもそもそういうものです。落ちたら立ち上がってまた跨る。常にその繰り返しです。

人生にも同じようなことが起こります。

すぐには立ち上がれないこともあるかもしれないけれど、そんなときは、一息つけばいいのです。

きっと、少し疲れてしまっただけ。眠ったり、おいしいものを食べたり、気分を変えて、それから顔を上げましょう。

腹が減っては戦はできぬ。何を隠そう私も、お腹が空いているときが一番調子が狂いますもの。

立ち上がれないときは、
少しの気分転換を

人生は贈り物

あなたにしかない、あなただけの魅力は何ですか?

そう尋ねられたら、私は「好奇心」と答えます。

幼い頃から、私は好奇心のかたまりのような人間でしたが、歳を取ったいま、その好奇心は薄れるどころかますます強くなっています。

子どもたちも巣立って、自分のためにたっぷり時間を使えるからでしょう。

元々そういう性格だった、というのもありますが、私は、いまでも新鮮な目で世界を見ています。明日がどんな一日になるか考えただけでわくわくするし、毎朝カーテンを開けて太陽の光を浴びるたびに、生きているのがうれしくなります。

年齢とともに、そういう目で世界を見られなくなる人もいますが、少なくとも私の場合は、まだまだその心配はないようです。

それはつまり、チャレンジを恐れないということです。ささいなことで言えば、食べ物もそう。つい先日、ロケでオーストラリアへ行ったときには、カエルの卵みたいなジュースをレストランで見つけて飲みました。見た目はグロテスクでしたが、正体はバジルの種で、とてもおいしかったです。

そんなふうに、私は食べ物でも何でも、新しいものやめずらしいものにチャレンジするのを厭《いと》いません。冒険心なら誰にも負けない自信があります。

モデル業にかんして言えば、半世紀以上培ってきた自分の経験を生かして、現在「ダフネ・セルフ・アカデミー」という、オンラインのモデル育成講座を運営しています。

プロのモデルとしての心得を知ってもらうのが主な目的で、若いモデルさんたちと交流できるのはとても楽しいですし、相談に乗ったり、私なりのアイデアを話したりする中で、これまでの自分の経験が誰かの役に立つこともうれしく感じています。

オンラインなので、地球の裏側まで思いを共有できるのも良い点です。オンラインセミナーという聞き慣れない言葉に、最初は私自身「?」という感じでしたが、いまはネット社会ですもの。それに、私はそんなことで投げ出す人間ではありません!

年齢を重ねるのは、経験や知恵を得ることだとお話ししましたが、その経験や知恵をもたらしてくれるものこそが、好奇心です。そしてそれは、延《ひ》いては幸せをもたらしてくれます。

人生は贈り物。私がみなさんにお見せしたいのは、好奇心いっぱいの目で、今日という日を目一杯楽しんでいる自分の姿です。それを見て、私もあんなふうに生きてみようかしら、と思ってもらえれば、こんなにうれしいことはありません。

叶うなら、次はスピットファイア機で大空を飛び回りたい、と思っている今日この頃です。

好奇心は、知恵と幸せをもたらしてくれる

着こなしに欠かせないもの

すてきな洋服を着ていても、いまいちきれいに見えないときがあります。そういうときは、たいてい姿勢が崩れています。

たとえば、ねこ背。背中が曲がっていたら、どんな洋服もきれいに見えません。逆に言えば、どんな服でも背筋をすっと伸ばすだけで、見違えるほど美しく見せられます。

私のことを、エレガントだと言ってくれる人がいます。歳を取るにつれて痩せ、余計なものが削ぎ落とされたからだと思いますが、もう一つ、多分それは、私の姿勢がいいからだと思います。

バレエと乗馬で鍛えられたのでしょう。両方とも若いときから続けていますが、姿勢に非常に気を遣いました。最近やっているヨガなどのエクササイズでも、やはり姿勢はとても重要です。

そう考えると、エレガンスとは、自分の体や体の動きを理解した上で、自信を持った立ち振る舞いができることだと言えます。

この「自信」というのも、洋服を着こなす上で非常に大切です。

友人はよく、「ダフネはゴミ袋を着たってすてきに見えるわよ」と言ってくれますが、実は数年前、その言葉通りの出来事がありました。ある個性的なフランス人カメラマンのモデルを務めた際、急遽彼の思いつきで、本当にゴミ袋を着ることになったのです！

穴を開けただけの黒のゴミ袋ドレスを身に纏い、私は若い男性モデルを膝に抱いて（ミケランジェロの『ピエタ』を題材に、キリストの遺体を抱いて嘆き悲しむ聖母マリアを演じたのです）撮影に臨みました。

びっくりでしょう？

でも本当に驚いたのは、それがさまになっていたことでした。

正しい姿勢と自信が
あなたと洋服をきれいに見せる

美しさに基準はない

私はモデルとして自分の写真が公になるとき、「フォトショップで加工はしないでね」とお願いしています。

だから、私の写真は当然完璧ではありません。それでもそうしているのは、若いと思われたり、きれいに見られたりするより、私が自分自身であることを大切にしているからです。

私は、シワもシミも老いもすべてひっくるめて、ダフネ・セルフというこの世にたった一人の自分を楽しみたいと思っています。

誰にでも、自分の好きになれないところはあります。見た目で言えば、私なら肩幅が広いのがそうですし、性格だって完璧とは言えません。ただ、それに振り回されすぎるのはよくないと思っています。

メディアの影響で、ボトックスや整形に走る女性も多いようですが、私にはその必要性がわかりません。私の若い頃はそんなものなかったし、せっかく高いお金を払うなら、私ならもっと別のことに使います。第一、体はシワだらけなのに顔だけ若い子みたいなんて、ちょっと滑稽だと思いませんか?

前にも述べましたが、私が一番きれいだと思うのは、表情のいい人です。いつも楽しそうにしている人は魅力的ですし、誰でもにっこりほほ笑めば、たちまち輝いて見えます。誰にでも、自分だけの美しさがあるのです。

そして、それは人とおなじように振る舞ったり、見せたりすることではありません。

そもそも、美しさに基準はありません。見る人によって、受け取り方はさまざまです。

たとえば、私がきれいだと思う人が、あなたにはそう思えないかもしれないし、もちろん逆もまた然《しか》りです。だから、誰かの目を気にする必要なんて、そもそもまったくないはずです。

人、絵画、動物、窓の外の景色、田舎道、子ども、太陽の光……。私の目にはそのどれもが美しく映ります。

そしてそれらはすべて、顔を上げてまわりを見渡さなければ、つまり自分自身がポジティブでいなければ気づけないものです。私はモデルですが、自分がきれいだと言うつもりはありません。真の美は、内面に宿ると思っているからです。

ただ、みなさんがそう思ってくださることにかんしては、私自身としてもうれしく感じています。

ほかの誰でもない、ありのままの自分でいること。
長い人生いろいろと学んできましたが、その中でもとりわけ大切な、
私の教訓です。

シワもシミも老いもひっくるめて、
この世にあなたはたった一人

もっとおしゃれを楽しんで

私が残念に思うことの一つに、いまの人たちが昔のようにおしゃれを楽しまなくなったことがあります。昔は、映画一本、お芝居一つ観に行くにも、みんなとびきりのおしゃれをして出かけていました。

夫のジムに出会ったのは劇場でしたが、私はその頃、ジムだけでなくお芝居にも恋をしていました。

とくに好きだったのはミュージカルで、『マイ・フェア・レディ』と『ウエスト・サイド物語』は、ロンドンでの封切りとともに観に行きました。

ロマンティックで感動的なストーリーはもちろん、歌や踊りも好きでしたし、それに何より、すてきな衣装を間近で見られることにわくわくしました。

独身時代はもちろん、結婚して子どもが生まれてからも、ベビーシッターに子どもを預けて、夫婦二人でよく劇場に足を運びました。そういうとき、私たちはどちらも気合を入れておしゃれをしました。

主婦、しかも一昔前の主婦と聞くと、それこそ家庭に縛られ、子どもの世話に明け暮れてへとへとになっているイメージかもしれませんが、私はまったく違いました。

それまでと変わらず、友人との付き合いを大切にしていましたし、よく外へ出かけていました。子どもの世話を任せられる人が、まわりにたくさんいたおかげだと思います。

そんなふうにバランスが取れていたので、私はありがたいことに一度も、主婦や母親でいるのがもううんざりだと感じたことがありませんでした。

私はいまでも、劇場や映画館へは、とびきりのおしゃれをして出かけます。普段着で来ている若い人たちを見るたびに、もっとおしゃれを楽しめばいいのに、と少し残念に思います。

いつもの場所にも、おしゃれをして出かけてみて

歳を取ったから
できること

二〇一四年、私はギネスブックに世界最高齢のモデルとして認定されました。

一般的なモデルより五十歳以上も年上ですが、でもそのおかげで、いまの私だからできる仕事というものもあります。

たとえば、イギリスを代表するカリスマファッションフォトグラファーのランキンに、美の基準を逆転させたモデルの一人として、最近写真を撮ってもらう機会がありました。

私自身とても名誉なことでしたが、それはただ単に彼と仕事ができたからではなく、その写真が、オール・ウォークス・ビヨンド・ザ・キャットウォークという団体の、「ファッションの世界にもっとダイバーシティ（多様性）を」と訴える活動に使われたからでした。

トップモデルのエリン・オコナー、ファッションコメンテーターのキャリン・フランクリンなどが二〇〇九年に立ち上げたこの団体は、人種、体型、障がい、年齢などにかかわらず、誰もが持っている自分らしい美しさを大切にしようという理念を掲げており、そのような非常に意義のある活動に参加できたことは、私にとって大きな喜びでした。

こんなふうに、みんなと違っているからこそできる仕事だってあるのです。

みんなと違うからこそ
できる仕事がある

自分の愛した洋服を長く大切に着る

母が赤ん坊だった私にはじめて履かせてくれた靴や、着せてくれた水着。十代や二十代の頃に大好きだったスカートやワンピース。クローゼットの中には、私のこれまでの人生が詰まっています。

その中には、いまも変わらず身に付けているものがたくさんあります。

母からゆずり受けた帽子やスカーフ、それに夫の母からもらった一九二〇〜三〇年代のドレスなどがそうです。もちろん、若い頃に自分で作った洋服も、いまも変わらず、現役で活躍してくれています。そんな昔から大切にしてきた洋服に、最近集めているビンテージもののジュエリーやアクセサリーを合わせるのが、私流です。

冬の装いで私が大切にしているのは、温かく、かつ、着ぶくれせずすてきに見えること。夏には、風通しのいいゆったりした洋服を選びます。あと、帽子も大切。

娘のローズに言わせると、私のファッションは「上品だけど型破り」だそうです。

そんなふうに、私は昔の洋服をいまも大切にしています。プライベートだけでなく、仕事に着ていくこともしばしばです。

たとえば、最近ストックホルムで行われたH＆Mのイベントには、四十年以上前から愛用している黒のパンツを着ていきました。

クリンプリンというシワになりにくい素材で、ちっとも古臭くなく何より着ていて楽だったからです。

クローゼットを開けると、そこにはこれまでの私の人生が広がっています。いまの私のワードローブは、そんなふうにこれまで集めてきたすてきなものの数々から成り立っています。

クローゼットの中には、これまでの私の人生が詰まっている

嫌なことは忘れてとにかく前へ

自分が恵まれていると思うことの一つに、健康があります。これはもう、両親にただただ感謝です。

私がいま、こんなふうに外に出てあちこち動き回っていられるのも、元気だからこそです。体調が悪いとどうしても気持ちまで沈んでしまうし、そういう意味でも、健康は非常に大切です。

もちろん、この歳になるとおかしなところは出てきます。私自身、血管炎という病気のせいで足が思うように動かないときもあります。

幸いにも症状は足だけですが、だからハイヒールなどの高い靴はバランスを崩しやすいので履けません。でも、だからといって歩くのをやめろと言われたわけじゃないでしょう?

英語には「get on with it」という表現があります。

昔映画の仕事をしていたときに、ある監督がよく使っていた言葉なのですが、「前進あるのみ」「嫌なことは忘れてとにかく前に進め」という意味で、これはほとんど、私の座右の銘。どんな状況でも前進あるのみ。変わらない現実にいつまでもとらわれていないで、いいところだけ見て前に進む。

日本には「川の流れに身を任す」という表現があるそうですが、英語のような能動的な表現ではないにしろ、起こることは起こるのだから悩まない、という意味では、少し通じるところがあるのかなとも思います。

どんな状況に置かれようとも、誰もあなたを、あなたの人生から追い出すことだけはできないのです。

誰もあなたをあなたの人生から
追い出すことはできない

あなたのことを誰よりもわかっているのは、あなた自身

ファッションと、もう一つ私が幼い頃から熱烈に好きだったのが、馬でした。いったい何がきっかけだったか、いまとなってはわかりません。父も母も乗馬とは無縁の人だったので、きっと、私がかなりのお転婆だったのでしょう。

馬への興味が日に日に募っていった私は、十四歳の頃、両親に「乗馬のレッスンを受けたい」と頼み込みました。

乗馬は、楽しい反面、非常に危険なスポーツでもあります。大切な一人娘にそんな危険なことをさせるわけにはいかないと、両親は最初猛反対しました。

それでも、私はあの手この手で二人を説得し、なんとか乗馬のレッスンを受ける許可を得ました。それをきっかけに、私はますます馬に魅了されていきました。

十六歳で進路を決めなくてはならなくなったとき、私の頭には、乗馬しかありませんでした。その時点で大学を受けるための試験には合格していましたが、大学はちっとも私の好奇心をくすぐりませんでした。

当時は、大学に進学すること自体まだ一般的ではありませんでしたし、女性なら、看護師や教師やセラピストといった職業に就くか、もしくは結婚して家庭に入るというのが普通でした。でも、私にはやっぱりどれも魅力的に思えませんでした。

両親が反対するのは目に見えていましたが、それでも馬でキャリアを築いていきたいと、私は心に決めたのです。

母に説得されて、当時流行りのスウェーデン式マッサージ（いまでいう、アロマテラピーです）の施術の資格を取る学校に通ったこともありますが、数週間で辞めてしまいました。

母にとっては、「娘のため」という一心だったのでしょう。両親のことは大好きでしたが、両親が「あなたのため」と用意した道の上を歩くことが、本当に自分のためになるとは限らないということを、私はこのとき学びました。

その後、馬でのキャリアを諦めモデルへ転身したのは、私自身の選択によるものです。

そのときは思ってもいませんでしたが、乗馬で学んだ規律や忍耐力は、モデルの世界でも生きるものでした。その場にふさわしい服装を心がけることも、時間を守ることも、思い返せばすべて乗馬から学んだことでした。

誰よりもあなたのことをわかっているのは、やはりあなた自身です。「あなたのため」と誰かが用意した選択ではなく「自分のため」に自分が選んだ道を、自ら切り拓いていかなくてはなりません。

誰かが用意した選択ではなく
「自分のため」に自分が選んだ道を

清潔で温かければ
それで十分

私が子育てをしていた時代、自分の子どもにブランド物の洋服を着せているような人は、一人もいませんでした。

ひょっとしたら、お金持ちの間ではそんなことが繰り広げられていたのかもしれませんが、少なくとも、私のまわりにはそういった人はいませんでした。

子ども向けのブランドが当時あまりなかったというのも、理由としてもちろんあります。

GAPが子ども服の展開をスタートさせたのが一九八六年、ベビー服はそのもう少しあとの一九九〇年ですから、案外最近のことです。それまでは、子ども服に「流行り」など（少なくともいまほどは）ありませんでした。

経済的にもそんな余裕がなかったというのも大きいですが、そもそも、私にはすぐダメになってしまうものに高いお金を払うというのがどうもわかりません。数カ月で着られなくなる子ども服のようなものならなおさらです。

戦争を知っている世代だからかもしれません。第二次世界大戦がはじまったとき、私はまだ十一歳でしたが、学校でみっちり倹約の精神を植え付けられました。

衣食住どれを取っても、いまあるものでやりくりしないとどうにもならない時代でしたから、きっとその頃の経験が、いまも私の中に生き続けているのでしょう。

「節約のすすめ」なんて記事をときどき新聞で見かけますが、否応なしに、そうしなければ暮らしていけない時代があったのです。

だから正直、最近よく目にする大人のような洋服に身を包んだ子どもが、私はあまり好きではありません。

つい先日も、雑誌をめくっていたら、よちよち歩きの赤ん坊の服が七五〇ユーロ（およそ九万〜一〇万円）と書いてあって、思わず目を疑いました。

一瞬プリントミスかと思いましたが、ほかにも似たような値段の子ども服がずらりと並んでいたので、どうやらそうではないようです。

一見どこにでもありそうな、でもよく見ると有名なブランドの服で自分の子どもを飾り立てるのが、いまの流行りのようです。

でも、それは本当に必要なことでしょうか？

いまお話ししたような時代を生き抜き、子ども服は清潔で温かければそれで十分、と思って子育てをしていた私には、ちょっとわからない感覚です。

一番大切なことは何か、
いま一度立ち止まって考える

自分の存在がちっぽけに思えたら

私にとって本は、昔から欠かせないものでした。

最近視力が落ちてきて、昔のようにすらすら読めないのがなんとももどかしいですが、それでも読書はいまも好きです。昔から、出かけるときには必ず本を一冊持ち歩いていました。父はいわゆる「本の虫」で、ベッドにギリシア語の本を持ち込むくらいでしたから、その影響かもしれません。

私がとくに好きなのは、歴史ものと伝記もの。小説も読むには読みますが、実在した人物の実際の人生にまつわるもののほうが、私には断然おもしろく思えます。

きっと、その人の人生と自分の生き方を照らし合わせることができるからでしょう。本を読むという行為は、それ自体が「経験」を得ること、つまり「体験」だと私は思っています。

新しいことをはじめるとき。自分の存在がちっぽけに思えたとき。何かに悩み、立ち止まったとき。本はいつも、私たちにヒントをくれます。

ページをめくると、そこには思ってもみなかった発見や気づき、それに希望があります。もっと広い目で世界を見てごらん、そう本は私たちに語りかけてくれます。

本はいまも、私の好奇心を掻《か》き立てて止みません。

「もっと広い目で世界を見てごらん、
そう本は私たちに語りかけてくれる」

おわりに

自分はなんて幸せ者なんだろう――八十八年の人生を振り返ったとき、私の心にまず浮かぶのは、そんな感謝の気持ちです。そしてその思いは、年齢を重ねるごとに、ますます強くなっています。

人というのは、自分が育った環境、触れ合った人、目にしたもの、そのすべてに影響を受けてできています。仲睦《なかむつ》まじく、どんなときでも前向きな両親に育てられたおかげで、私は根っからの楽天家で、いつも朗らかに笑っていられる人生を歩むことができました。

人生は、山も谷も含め、すべてが神様からの贈り物です。ときにひどく惨めな気持ちになることがあっても、それでもやっぱり、贈り物に違いないのです。私にも、人並みの苦難や挫折はありましたが、その思いが揺らぐことはありません。

贈り物である以上、思う存分楽しんで、味わわなくちゃ。そう、私は思っています。そんなふうに日々命を燃やす私の姿が、誰かの心に触れて、その人の人生を少し動かすことができれば、それほどうれしいことはありません。そしてそれこそが、生きる上での何よりの喜びではないでしょうか。

おなじ朝はめぐって来ません。私は毎朝、どきどきしながらカーテンを開けています。

今日という日を、あなたというたった一人の人間を思う存分楽しんでください。

ありのままのあなたで、好奇心のおもむくままに自分の夢を追いかけていれば、きっと、人生がすてきなものに思えてくるはずです。

装幀　山本知香子
写真　Nick Ballon/Camera Press/アフロ
翻訳　増田沙奈
翻訳協力　㈱トランネット

〈著者紹介〉
ダフネ・セルフ　1928年生まれ。イギリス在住の現役ファッションモデル。最愛の夫の死後、70歳でモデル業に復帰する。2014年、世界最高齢のスーパーモデルとして、ギネスブックに認定された。名だたる一流ブランドのランウェイモデルやファッション誌のカバーモデルとして、現在も活躍中。

GENTOSHA

人はいくつになっても、美しい
2016年8月25日　第1刷発行
2016年9月15日　第3刷発行

著　者　ダフネ・セルフ
発行者　見城 徹

発行所　株式会社 幻冬舎
〒151-0051 東京都渋谷区千駄ヶ谷4-9-7

電話:03(5411)6211(編集)
03(5411)6222(営業)
振替:00120-8-767643
印刷・製本所:図書印刷株式会社

検印廃止

Printed in Japan
ISBN978-4-344-02957-6 C0095
幻冬舎ホームページアドレス　http://www.gentosha.co.jp/

この本に関するご意見・ご感想をメールでお寄せいただく場合は、
comment@gentosha.co.jpまで。